받아쓰기

2학년 2학기 급수표

스쿨존에듀

2학년 2학기 급수표 받아쓰기

ISBN 979-11-92878-12-6 63710

초판 1쇄 펴낸날 2023년 7월 1일 ∥ 초판 2쇄 펴낸날 2023년 8월 20일

펴낸이 정혜옥 ∥ 기획 컨텐츠연구소 수(秀)
표지디자인 twoesdesign.com ∥ 내지디자인 이지숙
마케팅 최문섭 ∥ 편집 연유나, 이은정

펴낸곳 스쿨존에듀
출판등록 2021년 3월 4일 제 2021-000013호
주소 04779 서울시 성동구 뚝섬로 1나길 5(헤이그라운드) 7층
전화 02)929-8153 ∥ 팩스 02)929-8164
E-mail goodinfobooks@naver.com

- 이 책은 저작권법에 의해 보호받는 저작물이므로 무단 전재와 무단 복제를 금합니다.
- 잘못 만들어진 책은 구입처에서 교환해 드립니다.
- 스쿨존에듀(스쿨존)는 굿인포메이션의 자회사입니다.
- 굿인포메이션(스쿨존에듀, 스쿨존)은 새로운 원고와 기획에 항상 열려 있습니다.

 머리말

초등학교 입학 후 첫 도전, 받아쓰기 시험

받아쓰기 급수표! 정답 다 알려주고 치르는 시험이지만 아이도 엄마도 여간 떨리는 게 아닙니다. 첫 시험이니까요. 어떻게 공부하면 받아쓰기 시험에서 만점을 받을 수 있을까요? 점수 자체가 중요해서라기보다 태어나 처음 치르는 학교시험이라는 점에서 높은 점수는 아이의 자존감을 살리고 학교생활에 자신감을 불어넣어 줍니다. 그러니 이왕 치르는 시험, 잘 준비하여 좋은 점수 받으면 좋겠지요? 집에서 조금만 신경을 써 줘도 큰 효과를 볼 수 있습니다.

학교에서 받아쓰기 급수표를 나누어주는 이유가 무엇인지 생각해 보아요. 집에서 연습하고 오라는 뜻입니다. 그렇다면 이 급수표를 어떻게 활용하면 좋을까요? 제대로 익히는 과정 없이 곧바로 불러주면 아이에게 부담줄 수 있으니 단계적으로 연습시켜야 해요. <2학년 2학기 급수표 받아쓰기>는 학교에서 나눠주는 '급수표'에 초점을 맞추어 숙련된 엄마표 방식을 덧붙였습니다. 이런 방식으로 시켜 보니 아이도 재밌어하고 받아쓰기 시험도 만만해졌답니다.

교과과정의 시스템을 따라가며 집에서 보완하는 공부가 진정한 엄마표 홈스쿨링의 목표인 만큼 아이들이 적극적으로 참여하도록 재미있는 놀이터와 소리내어 읽기, 따라쓰기를 반복하면서 철자가 자연스럽게 몸에 밸 수 있도록 구성하였습니다.

일러두기

- 각 학기별 초등 국어 교과서가 바탕입니다.
- <큰소리로 읽고> <여러 번 쓰고> <연습시험을 보는> 기본 3단 형태
- 전국 초등학교의 받아쓰기 급수표 참조, 가장 자주 나오는 유형을 모았어요.
- 가장 많이 사용하는 15급 기준! 단원별로 주 1회 받아쓰기를 대비해요.
- 읽기 4번, 쓰기 3번을 권하지만 무리하지는 마세요. 재밌고 쉽게 하는 게 원칙이에요.
- 학교별로, 선생님별로 받아쓰기를 보지 않거나 줄여서 보는 경우도 있어요. 단원 제목을 기준으로 찾아보세요.
- 칭찬은 많이, 구체적으로! 칭찬은 없던 자신감도 생기게 해요.

맞춤법 공부는 이렇게 해요~ 스르륵스르륵!

"한글 맞춤법은 표준어를 소리 나는 대로 적되, 어법에 맞게 함을 원칙으로 한다." (한글맞춤법 총칙 제1항)

받아쓰기와 맞춤법 공부는 떼놓을 수 없는 단짝이지요. 힘겹게 연필을 쥐고, 더듬더듬 읽고, 자기도 알아볼 수 없는 글자를 쓰는 어린 아이들에게 맞춤법까지 잘하라 하기에는 너무 가혹합니다. 소리와 다른 철자, 아무리 외워도 헷갈리는 띄어쓰기, 요상하게 생긴 문장부호 등은 외우는 데도 한계가 있습니다. 아이들이 틀린다고 나무라지 마세요. 자꾸 반복해 읽고, 보고, 들으며 공부하는 수밖에 없습니다.

우리말에는 소리와 생김새가 같은 말도 있지만, '국어'(구거)처럼 소리와 생김새가 다른 말도 많고, '내' / '네'처럼 소리는 같지만 뜻이 다른 경우들도 많이 있습니다. 아래 표 속의 어휘들이 그런 예입니다. 부모님들이 읽고 설명해 주세요.

【받침이 넘어가서 소리나는 경우】	【서로 닮아가며 소리나는 경우】
꽃이 ➡ 꼬치	공룡 ➡ 공뇽
꽃놀이 ➡ 꼰노리	설날 ➡ 설랄
꽃다발 ➡ 꼳따발	앞마당 ➡ 암마당
악어 ➡ 아거	앞머리 ➡ 암머리
어린이 ➡ 어리니	국물 ➡ 궁물
지갑에 ➡ 지가베	
웃어요 ➡ 우서요	
【받침이 2개인 경우】	【글자와 다르게 소리나는 경우】
많다 ➡ 만타	손등 ➡ 손뜽
맑다 ➡ 막따	눈사람 ➡ 눈싸람
여덟 ➡ 여덜	해돋이 ➡ 해도지
앓다 ➡ 알타	같이 ➡ 가치
밝았다 ➡ 발갇따	묻히다 ➡ 무치다
넓어서 ➡ 널버서	등받이 ➡ 등바지
끓여서 ➡ 끄려서	

아래 표는 소리도 생긴 것도 비슷하지만 다르게 쓰는 사례예요. 어쩔 수 없이 외워야 하죠. 그렇다고 무조건 외울 수는 없습니다. 자주 보고 읽다 보면 문장 속에서 어떻게 쓰이는지 자연스럽게 익히게 된답니다. 헷갈리기 쉬운 말, 사이시옷이 들어가는 낱말 등도 계속 읽고 쓰며 반복하다 보면 익혀지니 겁먹지 마세요.

발음이 비슷하지만 뜻은 다른 말	낳다/낫다/낮다 짓다/짖다 짚다/집다 맡다/맞다 섞다/썩다 갖다/같다/갔다
모양이 비슷해서 헷갈리는 말	왠-/웬- 며칠/몇일(×) 알맞은/알맞는(×) 윗-/웃- 없다/업다/엎다
사이시옷이 들어가는 낱말	나뭇잎/냇가/바닷가/노랫말/등굣길/하굣길/빗소리
쉽게 틀리는 낱말	육개장/떡볶이/찌개/희한하다/얘들아/얘기
자주 헷갈리는 낱말	비로소(비로서×)/아무튼(아물든×)/덥석(덥썩×)

컨텐츠연구소 수(秀)

순서에 맞게 자음자, 모음자 쓰기

자음자, 모음자를 읽으며 바르게 써 보세요.

한글 기본 음절표

자음과 모음을 연결해 읽으며 바르게 써 보세요.

	ㅏ	ㅑ	ㅓ	ㅕ	ㅗ	ㅛ	ㅜ	ㅠ	ㅡ	ㅣ
ㄱ	가	갸	거	겨	고	교	구	규	그	기
ㄴ	나	냐	너	녀	노	뇨	누	뉴	느	니
ㄷ	다	댜	더	뎌	도	됴	두	듀	드	디
ㄹ	라	랴	러	려	로	료	루	류	르	리
ㅁ	마	먀	머	며	모	묘	무	뮤	므	미
ㅂ	바	뱌	버	벼	보	뵤	부	뷰	브	비
ㅅ	사	샤	서	셔	소	쇼	수	슈	스	시
ㅇ	아	야	어	여	오	요	우	유	으	이
ㅈ	자	쟈	저	져	조	죠	주	쥬	즈	지
ㅊ	차	챠	처	쳐	초	쵸	추	츄	츠	치
ㅋ	카	캬	커	켜	코	쿄	쿠	큐	크	키
ㅌ	타	탸	터	텨	토	툐	투	튜	트	티
ㅍ	파	퍄	퍼	펴	포	표	푸	퓨	프	피
ㅎ	하	햐	허	혀	호	효	후	휴	흐	히

2학년 2학기 받아쓰기 급수표

(1급) 1단원 장면을 떠올리며

1. 동생이 하품을 한다.
2. 빨갛게 익은 수박 속
3. 깃털이 없는 오리들
4. 새 떼를 쫓으려고 서 있는
5. 들판도 흥에 겨워 넘실넘실
6. 콧노래를 부르면
7. "값이 얼마요?"
8. 잠깐 어리둥절했어요.
9. 어깨에 메고 가는 게 뭐요
10. 훨훨 날아와 앉았어요.

(2급) 1단원 장면을 떠올리며

1. "성큼성큼 걷는다."
2. 형이 형인 까닭은
3. 엊그제까지만 해도
4. 떼쓰지 않기로 약속하고.
5. 침을 꼴깍 삼키며
6. 저만치 지나가지 뭐예요.
7. 심통이 나서
8. 왜 형부터 낳았어!
9. 이불이 흠뻑 젖었어요.
10. 몇 날 며칠을

(3급) 2단원 인상 깊었던 일을 써요

1. 술래잡기를 함께 하자고
2. 새 운동화를 신고 달리니
3. 머리 방울을 찾으러
4. 한 번도 잡힌 적 없던
5. 정말 뿌듯하고
6. 동그라미가 표시된
7. '누구 생일이지?'
8. 정성껏 그려 드리기로 했다.
9. 꼭 껴안아 주셨다.
10. 까닭은 무엇인가요?

(4급) 3단원 말의 재미를 찾아서

1. 누구일지 알아맞혀 봐.
2. 이빨 닦으면 안 돼!
3. 차곡차곡 쌓인 볏단
4. 고개를 갸우뚱갸우뚱
5. 짧은 글을 짓는
6. 열쇠를 줄게.
7. 콧구멍에 손을 넣어
8. 닦으면 닦을수록
9. 수수께끼 주머니
10. 어떻게 움직이나요?

(5급) 4단원 인물의 마음을 짐작해요

1. 우리가 데려가면 안 돼요?
2. 울부짖기 시작했어요.
3. 목에 매어 주고는
4. 미니는 깨달았어요.
5. 소리를 질러 댔지요.
6. 열흘 동안 휴가를
7. 커튼을 달아 주었어.
8. 어질러진 방을 깨끗하게
9. 가족이 빙 둘러앉아
10. 서로 어깨를 주물러 주었어.

(6급) 5단원 간직하고 싶은 노래

1. 알밤 줍는 다람쥐
2. 뚜껑을 열고 나갈라 한다.
3. 멍멍 짖는 강아지가 있어서
4. 가슴이 콩닥콩닥인대요
5. 열 살짜리가 되려고
6. 딱지치기 한 판 어때?
7. 걸레로 방을 닦고.
8. 읽은 책을 정리했습니다.
9. "방이 넓어진 것 같구나!"
10. 떡볶이를 만들어

(7급) 6단원 자세하게 소개해요

1. 욕심이 많고 심술궂다.
2. 다리를 부러뜨렸다.
3. 눈썹이 진해요.
4. 제 짝이 바뀌었어요.
5. 꼭두각시 인형이다.
6. 의자에 바르게 앉아
7. 옆에서 많이 도와
8. 크고 동그랗습니다.
9. 보기 좋게 꾸민다.
10. 낡고 허름한 옷

(8급) 7단원 일이 일어난 차례를 살펴요

1. 일이 일어난 차례
2. 땅속으로 뚫린 굴
3. 뽀얗고 포동포동한 애벌레
4. 기지개를 켰어요.
5. 쓰다듬어 주었어요.
6. 쇠붙이를 먹는 불가사리
7. 눈은 코뿔소를 닮았고.
8. 막 알을 낳고
9. 고개를 갸웃하다가
10. 발까지 닿는 망토

(9급) 7단원 일이 일어난 차례를 살펴요

1. 얼른 쫓아가 냉큼 먹었지.
2. 휙휙 달렸어.
3. 눈에 띄는 거야.
4. 재채기하는 모습
5. 어깨가 으쓱했어.
6. 나라에는 평화가 찾아왔대.
7. 삐죽 코를 내밀었습니다.
8. 전부 먹어 치웠어.
9. 통째로 삼켜서 배가 부른걸.
10. 문을 쾅 닫았습니다.

(10급) 8단원 바르게 말해요

1. 할머니를 뵙고 왔어.
2. 생김새가 조금 다르다.
3. 한 문제를 틀렸습니다.
4. 책을 잃어버렸다.
5. 바른 말로 대화하기
6. 헷갈리는 낱말의
7. 정확한 뜻을 생각하며
8. 보름달을 가리키셨어.
9. 수학을 가르쳤다.
10. 함부로 쓰지 않았다.

(11급) 9단원 주요 내용을 찾아요

1. 이름이 안 적혀 있네.
2. 학용품을 잃어버린 친구에게
3. 이가 아팠던 까닭은?
4. 눈물이 찔끔찔끔
5. 세균이 이를 썩게 한다고
6. 우리 곁에 있다면
7. 숲을 아끼고 잘 가꾸어야
8. 맑은 공기를 만들어 냅니다.
9. 산사태를 예방해
10. 숲의 초록 빛깔

(12급) 9단원 주요 내용을 찾아요

1. 평화로운 시골집 곳간
2. 쥐 가족이 북적거리며
3. 잡혀가고 말았습니다.
4. 잃을 수는 없습니다.
5. 어떻게 하면 좋을까요?
6. 이삿짐 싸기가 힘들잖아요.
7. 목에 방울을 달면 어때요?
8. 도망갈 수 있잖아요.
9. 쓰임새도 모두 다른
10. 최고일 수는 없습니다.

(13급) 10단원 칭찬하는 말을 주고받아요

1. 어림도 없지.
2. 거뜬히 해낼 거야.
3. 막 날갯짓을 배우기
4. 선뜻 날아오르지
5. 흠뻑 젖은 날개를
6. 회오리바람을 뚫고
7. 방향을 잃을 수
8. 덜컥 겁이 났어요.
9. 정신이 아찔할 정도로
10. 막내가 부쩍 컸구나.

(14급) 11단원 실감나게 표현해요

1. 야호! 일 등이다!
2. 나뭇가지에 걸렸어.
3. 어떡하지?
4. 자랑하고 싶어서
5. 하루쯤은 괜찮겠지?
6. 왠지 재미없을 것 같아.
7. 피노키오를 보고 갸우뚱하며
8. 내가 시키는 대로
9. 인형이 혼자 걷고 있잖아?
10. 말썽을 부려 죄송해요.

(15급) 11단원 실감나게 표현해요

1. 팥죽을 팔팔 끓이면서
2. 밝고 명랑한 목소리로
3. 폴짝폴짝 통통 뛰면서
4. 호랑이가 꿀꺽 잡아먹는다니
5. 마음이 조금 놓였어.
6. 불 앞에 쪼그리고 앉았어.
7. 엉덩이를 쿡 찔렀어.
8. 에구에구 어찌할꼬.
9. 부엌 앞에 누워 있던
10. 강물에 풍덩 던져 버렸어.

 큰소리로 또박또박 읽어 보세요.

★ 1급 1단원 장면을 떠올리며

1. 동생이 하품을 한다.
2. 빨갛게 익은 수박 속
3. 깃털이 없는 오리들
4. 새 떼를 쫓으려고 서 있는
5. 들판도 흥에 겨워 넘실넘실
6. 콧노래를 부르면
7. "값이 얼마요?"
8. 잠깐 어리둥절했어요.
9. 어깨에 메고 가는 게 뭐요
10. 훨훨 날아와 앉았어요.

읽었어요!
| ① | ② | ③ | ④ |

공부한 날 _____월 _____일

바른 자세로 하나하나 따라 써 보세요.

동생이 하품을 한다.

빨갛게 익은 수박 속

깃털이 없는 오리들

새 떼를 쫓으려고 서

있는

들판도 흥에 겨워 넘실넘실

콧노래를 부르면

"값이 얼마요?"

잠깐 어리둥절했어요.

어깨에 메고 가는 게

뭐요

훨훨 날아와 앉았어요.

Good job

불러 주는 문장을 듣고 연습한 내용을 떠올리며 써 보세요.

칭찬해 주세요!		
잘했어요	훌륭해요	최고예요

불러 주는 문장을 듣고 연습한 내용을 떠올리며 써 보세요.

돌려서 사용해요!

칭찬해 주세요!
- 잘했어요
- 훌륭해요
- 최고예요

큰소리로 또박또박 읽어 보세요.

★ 2급 1단원 장면을 떠올리며

① "성큼성큼 걷는다."
② 형이 형인 까닭은
③ 엊그제까지만 해도
④ 떼쓰지 않기로 약속하고,
⑤ 침을 꼴깍 삼키며
⑥ 저만치 지나가지 뭐예요.
⑦ 심통이 나서
⑧ 왜 형부터 낳았어!
⑨ 이불이 흠뻑 젖었어요.
⑩ 몇 날 며칠을

읽었어요!
| ① | ② | ③ | ④ |

공부한 날 _____월 _____일

바른 자세로 하나하나 따라 써 보세요.

"성큼성큼 걷는다."

형이 형인 까닭은

엊그제까지만 해도

떼쓰지 않기로 약속하

고,

침을 꼴깍 삼키며

저만치 지나가지 뭐예

요.

심통이 나서

왜 형부터 낳았어!

이불이 흠뻑 젖었어요.

몇 날 며칠을

불러 주는 문장을 듣고 연습한 내용을 떠올리며 써 보세요.

칭찬해 주세요!		
잘했어요	훌륭해요	최고예요

2급 불러 주는 문장을 듣고 연습한 내용을 떠올리며 써 보세요.

칭찬해 주세요!
- 잘했어요
- 훌륭해요
- 최고예요

돌려서 사용해요!

큰소리로 또박또박 읽어 보세요.

⭐ 3급 2단원 인상 깊었던 일을 써요

① 술래잡기를 함께 하자고
② 새 운동화를 신고 달리니
③ 머리 방울을 찾으러
④ 한 번도 잡힌 적 없던
⑤ 정말 뿌듯하고
⑥ 동그라미가 표시된
⑦ '누구 생일이지?'
⑧ 정성껏 그려 드리기로 했다.
⑨ 꼭 껴안아 주셨다.
⑩ 까닭은 무엇인가요?

읽었어요!
① ② ③ ④

공부한 날 _____월 _____일

바른 자세로 하나하나 따라 써 보세요.

술래잡기를 함께 하자
고

새 운동화를 신고 달
리니

머리 방울을 찾으러

한 번도 잡힌 적 없

던

정말 뿌듯하고

동그라미가 표시된

'누구 생일이지?'

정성껏 그려 드리기로

했다.

꼭 껴안아 주셨다.

까닭은 무엇인가요?

불러 주는 문장을 듣고 연습한 내용을 떠올리며 써 보세요.

칭찬해 주세요!		
잘했어요	훌륭해요	최고예요

불러 주는 문장을 듣고 연습한 내용을 떠올리며 써 보세요.

돌려서 사용해요!

칭찬해 주세요!
잘했어요 / 훌륭해요 / 최고예요

큰소리로 또박또박 읽어 보세요.

★ 4급 3단원 말의 재미를 찾아서

① 누구일지 알아맞혀 봐.
② 이빨 닦으면 안 돼!
③ 차곡차곡 쌓인 볏단
④ 고개를 갸우뚱갸우뚱
⑤ 짧은 글을 짓는
⑥ 열쇠를 줄게.
⑦ 콧구멍에 손을 넣어
⑧ 닦으면 닦을수록
⑨ 수수께끼 주머니
⑩ 어떻게 움직이나요?

읽었어요!
| ① | ② | ③ | ④ |

공부한 날 _____ 월 _____ 일

바른 자세로 하나하나 따라 써 보세요.

누구일지 알아맞혀 봐.

이빨 닦으면 안 돼!

차곡차곡 쌓인 볏단

고개를 갸우뚱갸우뚱

짧은 글을 짓는

열쇠를 줄게.

콧구멍에 손을 넣어

닦으면 닦을수록

수수께끼 주머니

어떻게 움직이나요?

놀이터

동물들의 발자국을 찾아 연결해 보세요.

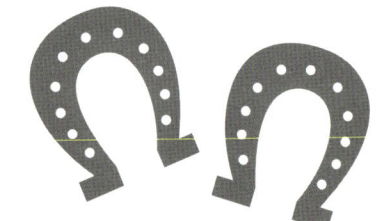

불러 주는 문장을 듣고 연습한 내용을 떠올리며 써 보세요.

칭찬해 주세요!

| 잘했어요 | 훌륭해요 | 최고예요 |

불러 주는 문장을 듣고 연습한 내용을 떠올리며 써 보세요.

칭찬해 주세요!
- 잘했어요
- 훌륭해요
- 최고예요

돌려서 사용해요!

큰소리로 또박또박 읽어 보세요.

★ 5급 4단원 인물의 마음을 짐작해요

① 우리가 데려가면 안 돼요?
② 울부짖기 시작했어요.
③ 목에 매어 주고는
④ 미니는 깨달았어요.
⑤ 소리를 질러 댔지요.
⑥ 열흘 동안 휴가를
⑦ 커튼을 달아 주었어.
⑧ 어질러진 방을 깨끗하게
⑨ 가족이 빙 둘러앉아
⑩ 서로 어깨를 주물러 주었어.

읽었어요!
① ② ③ ④

공부한 날 _____월 _____일

5급 바르게 따라쓰기

바른 자세로 하나하나 따라 써 보세요.

우리가 데려가면 안

돼요?

울부짖기 시작했어요.

목에 매어 주고는

미니는 깨달았어요.

소리를 질러 댔지요.

열흘 동안 휴가를

커튼을 달아 주었어.

어질러진 방을 깨끗하

게

가족이 빙 둘러앉아

서로 어깨를 주물러

주었어.

불러 주는 문장을 듣고 연습한 내용을 떠올리며 써 보세요.

칭찬해 주세요!		
잘했어요	훌륭해요	최고예요

5급 또박또박 받아쓰기

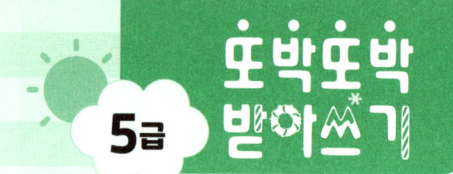

불러 주는 문장을 듣고 연습한 내용을 떠올리며 써 보세요.

1
2
3
4
5
6
7
8
9
10

칭찬해 주세요!

잘했어요

훌륭해요

최고예요

돌려서 사용해요!

큰소리로 또박또박 읽어 보세요.

★ 6급 5단원 간직하고 싶은 노래

① 알밤 줍는 다람쥐
② 뚜껑을 열고 나갈라 한다.
③ 멍멍 짖는 강아지가 있어서
④ 가슴이 콩닥콩닥인대요
⑤ 열 살짜리가 되려고
⑥ 딱지치기 한 판 어때?
⑦ 걸레로 방을 닦고,
⑧ 읽은 책을 정리했습니다.
⑨ "방이 넓어진 것 같구나!"
⑩ 떡볶이를 만들어

읽었어요!
| ① | ② | ③ | ④ |

공부한 날 _____ 월 _____ 일

6급 바르게 따라쓰기

바른 자세로 하나하나 따라 써 보세요.

알밤 줍는 다람쥐

뚜껑을 열고 나갈라

한다.

멍멍 짖는 강아지가

있어서

가슴이 콩닥콩닥인대요

열 살짜리가 되려고

딱지치기 한 판 어때

?

걸레로 방을 닦고,

읽은 책을 정리했습니다.

"방이 넓어진 것 같구나!"

떡볶이를 만들어

불러 주는 문장을 듣고 연습한 내용을 떠올리며 써 보세요.

칭찬해 주세요!

| 잘했어요 | 훌륭해요 | 최고예요 |

6급

불러 주는 문장을 듣고 연습한 내용을 떠올리며 써 보세요.

① ② ③ ④ ⑤ ⑥ ⑦ ⑧ ⑨ ⑩

칭찬해 주세요!
- 잘했어요
- 훌륭해요
- 최고예요

돌려서 사용해요!

큰소리로 또박또박 읽어 보세요.

★ 7급 6단원 자세하게 소개해요

1. 욕심이 많고 심술궂다.
2. 다리를 부러뜨렸다.
3. 눈썹이 진해요.
4. 제 짝이 바뀌었어요.
5. 꼭두각시 인형이다.
6. 의자에 바르게 앉아
7. 옆에서 많이 도와
8. 크고 동그랗습니다.
9. 보기 좋게 꾸민다.
10. 낡고 허름한 옷

읽었어요!
① ② ③ ④

공부한 날 _____ 월 _____ 일

7급 바르게 따라쓰기

바른 자세로 하나하나 따라 써 보세요.

욕심이 많고 심술궂다.

다리를 부러뜨렸다.

눈썹이 진해요.

제 짝이 바뀌었어요.

꼭두각시 인형이다.

의자에 바르게 앉아

옆에서 많이 도와

크고 동그랗습니다.

보기 좋게 꾸민다.

낡고 허름한 옷

여기를 보세요! 하나 둘 셋~ 찰칵! 다른 그림을 7개 찾아 주세요.

● 정답

불러 주는 문장을 듣고 연습한 내용을 떠올리며 써 보세요.

칭찬해 주세요!		
잘했어요	훌륭해요	최고예요

불러 주는 문장을 듣고 연습한 내용을 떠올리며 써 보세요.

칭찬해 주세요!
- 잘했어요
- 훌륭해요
- 최고예요

돌려서 사용해요!

큰소리로 또박또박 읽어 보세요.

★ 8급 7단원 일이 일어난 차례를 살펴요

① 일이 일어난 차례
② 땅속으로 뚫린 굴
③ 뽀얗고 포동포동한 애벌레
④ 기지개를 켰어요.
⑤ 쓰다듬어 주었어요.
⑥ 쇠붙이를 먹는 불가사리
⑦ 눈은 코뿔소를 닮았고,
⑧ 막 알을 낳고
⑨ 고개를 갸웃하다가
⑩ 발까지 닿는 망토

읽었어요!
| ① | ② | ③ | ④ |

공부한 날 _____월 _____일

바른 자세로 하나하나 따라 써 보세요.

일이 일어난 차례

땅속으로 뚫린 굴

뽀얗고 포동포동한 애

벌레

기지개를 켰어요.

쓰다듬어 주었어요.

쇠붙이를 먹는 불가사리

눈은 코뿔소를 닮았고,

막 알을 낳고

고개를 갸웃하다가

발까지 닿는 망토

불러 주는 문장을 듣고 연습한 내용을 떠올리며 써 보세요.

칭찬해 주세요!		
잘했어요	훌륭해요	최고예요

8급 또박또박 받아쓰기

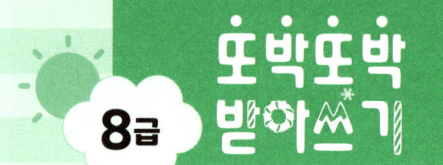

불러 주는 문장을 듣고 연습한 내용을 떠올리며 써 보세요.

1
2
3
4
5
6
7
8
9
10

칭찬해 주세요!

잘했어요	훌륭해요	최고예요

돌려서 사용해요!

큰소리로 또박또박 읽어 보세요.

★ 9급　7단원　일이 일어난 차례를 살펴요

① 얼른 쫓아가 냉큼 먹었지.
② 홱홱 달렸어.
③ 눈에 띄는 거야.
④ 재채기하는 모습
⑤ 어깨가 으쓱했어.
⑥ 나라에는 평화가 찾아왔대.
⑦ 삐죽 코를 내밀었습니다.
⑧ 전부 먹어 치웠어.
⑨ 통째로 삼켜서 배가 부른걸.
⑩ 문을 쾅 닫았습니다.

읽었어요!
① ② ③ ④

공부한 날 _____월_____일

바른 자세로 하나하나 따라 써 보세요.

얼른 쫓아가 냉큼 먹었지.

핵핵 달렸어.

눈에 띄는 거야.

재채기하는 모습

어깨가 으쓱했어.

나라에는 평화가 찾아

왔대.

삐죽 코를 내밀었습니

다.

전부 먹어 치웠어.

통째로 삼켜서 배가

부른걸.

문을 쾅 닫았습니다.

불러 주는 문장을 듣고 연습한 내용을 떠올리며 써 보세요.

칭찬해 주세요!		
잘했어요	훌륭해요	최고예요

9급

불러 주는 문장을 듣고 연습한 내용을 떠올리며 써 보세요.

칭찬해 주세요!
- 잘했어요
- 훌륭해요
- 최고예요

돌려서 사용해요!

큰소리로 또박또박 읽어 보세요.

★ 10급 8단원 바르게 말해요

① 할머니를 뵙고 왔어.
② 생김새가 조금 다르다.
③ 한 문제를 틀렸습니다.
④ 책을 잃어버렸다.
⑤ 바른 말로 대화하기
⑥ 헷갈리는 낱말의
⑦ 정확한 뜻을 생각하며
⑧ 보름달을 가리키셨어.
⑨ 수학을 가르쳤다.
⑩ 함부로 쓰지 않았다.

읽었어요!
| ① | ② | ③ | ④ |

공부한 날 _____ 월 _____ 일

바른 자세로 하나하나 따라 써 보세요.

할머니를 뵙고 왔어.

생김새가 조금 다르다.

한 문제를 틀렸습니다.

책을 잃어버렸다.

바른 말로 대화하기

헷갈리는 낱말의

정확한 뜻을 생각하며

보름달을 가리키셨어.

수학을 가르쳤다.

함부로 쓰지 않았다.

어떤 고양이가 새를 잡을 수 있을까요? 미로를 따라가 찾아보세요.

불러 주는 문장을 듣고 연습한 내용을 떠올리며 써 보세요.

칭찬해 주세요!		
잘했어요	훌륭해요	최고예요

불러 주는 문장을 듣고 연습한 내용을 떠올리며 써 보세요.

칭찬해 주세요!
- 잘했어요
- 훌륭해요
- 최고예요

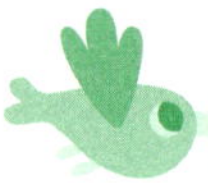

돌려서 사용해요!

큰소리로 또박또박 읽어 보세요.

★ 11급 9단원 주요 내용을 찾아요

1. 이름이 안 적혀 있네.
2. 학용품을 잃어버린 친구에게
3. 이가 아팠던 까닭은?
4. 눈물이 찔끔찔끔
5. 세균이 이를 썩게 한다고
6. 우리 곁에 있다면
7. 숲을 아끼고 잘 가꾸어야
8. 맑은 공기를 만들어 냅니다.
9. 산사태를 예방해
10. 숲의 초록 빛깔

읽었어요!
① ② ③ ④

공부한 날 _____ 월 _____ 일

바른 자세로 하나하나 따라 써 보세요.

이름이 안 적혀 있네.

학용품을 잃어버린 친

구에게

이가 아팠던 까닭은?

눈물이 찔끔찔끔

세균이 이를 썩게 한

다고

우리 곁에 있다면

숲을 아끼고 잘 가꾸

어야

맑은 공기를 만들어

냅니다.

산사태를 예방해

숲의 초록 빛깔

불러 주는 문장을 듣고 연습한 내용을 떠올리며 써 보세요.

칭찬해 주세요!		
잘했어요	훌륭해요	최고예요

11급 또박또박 받아쓰기

불러 주는 문장을 듣고 연습한 내용을 떠올리며 써 보세요.

①	②	③	④	⑤	⑥	⑦	⑧	⑨	⑩

칭찬해 주세요!
- 잘했어요
- 훌륭해요
- 최고예요

돌려서 사용해요!

큰소리로 또박또박 읽어 보세요.

12급 9단원 주요 내용을 찾아요

1. 평화로운 시골집 곳간
2. 쥐 가족이 북적거리며
3. 잡혀가고 말았습니다.
4. 잃을 수는 없습니다.
5. 어떻게 하면 좋을까요?
6. 이삿짐 싸기가 힘들잖아요.
7. 목에 방울을 달면 어때요?
8. 도망갈 수 있잖아요.
9. 쓰임새도 모두 다른
10. 최고일 수는 없습니다.

읽었어요!			
①	②	③	④

공부한 날 _____월 _____일

바른 자세로 하나하나 따라 써 보세요.

평화로운 시골집 곳간

쥐 가족이 북적거리며

잡혀가고 말았습니다.

잃을 수는 없습니다.

어떻게 하면 좋을까요?

이삿짐 싸기가 힘들잖

아요.

목에 방울을 달면 어

때요?

도망갈 수 있잖아요.

쓰임새도 모두 다른

최고일 수는 없습니다.

불러 주는 문장을 듣고 연습한 내용을 떠올리며 써 보세요.

칭찬해 주세요!

| 잘했어요 | 훌륭해요 | 최고예요 |

불러 주는 문장을 듣고 연습한 내용을 떠올리며 써 보세요.

돌려서 사용해요!

큰소리로 또박또박 읽어 보세요.

★ 13급 10단원 칭찬하는 말을 주고받아요

① 어림도 없지.
② 거뜬히 해낼 거야.
③ 막 날갯짓을 배우기
④ 선뜻 날아오르지
⑤ 흠뻑 젖은 날개를
⑥ 회오리바람을 뚫고
⑦ 방향을 잃을 수
⑧ 덜컥 겁이 났어요.
⑨ 정신이 아찔할 정도로
⑩ 막내가 부쩍 컸구나.

읽었어요!

| ① | ② | ③ | ④ |

공부한 날 _____월 _____일

바른 자세로 하나하나 따라 써 보세요.

어림도 없지.

거뜬히 해낼 거야.

막 날갯짓을 배우기

선뜻 날아오르지

흠뻑 젖은 날개를

회오리바람을 뚫고

방향을 잃을 수

덜컥 겁이 났어요.

정신이 아찔할 정도로

막내가 부쩍 컸구나.

여름 바닷가에서 신나게 놀아요. 아래 그림들을 찾아보세요.

놀이터

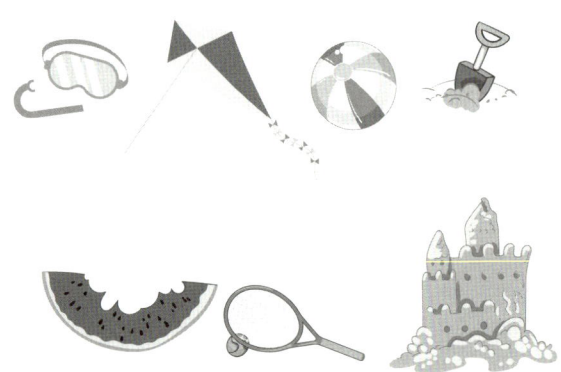

정답

불러 주는 문장을 듣고 연습한 내용을 떠올리며 써 보세요.

칭찬해 주세요!		
잘했어요	훌륭해요	최고예요

불러 주는 문장을 듣고 연습한 내용을 떠올리며 써 보세요.

10	9	8	7	6	5	4	3	2	1

칭찬해 주세요!
| 잘했어요 | 훌륭해요 | 최고예요 |

돌려서 사용해요!

큰소리로 또박또박 읽어 보세요.

14급 11단원 실감나게 표현해요

① 야호! 일 등이다!
② 나뭇가지에 걸렸어.
③ 어떡하지?
④ 자랑하고 싶어서
⑤ 하루쯤은 괜찮겠지?
⑥ 왠지 재미없을 것 같아.
⑦ 피노키오를 보고 갸우뚱하며
⑧ 내가 시키는 대로
⑨ 인형이 혼자 걷고 있잖아?
⑩ 말썽을 부려 죄송해요.

읽었어요!
① ② ③ ④

공부한 날 _____월 _____일

바른 자세로 하나하나 따라 써 보세요.

야호! 일 등이다!

나뭇가지에 걸렸어.

어떡하지?

자랑하고 싶어서

하루쯤은 괜찮겠지?

왠지 재미없을 것 같

아.

피노키오를 보고 갸우

뚱하며

내가 시키는 대로

인형이 혼자 걷고 있

잖아?

말썽을 부려 죄송해요.

불러 주는 문장을 듣고 연습한 내용을 떠올리며 써 보세요.

칭찬해 주세요!

| 잘했어요 | 훌륭해요 | 최고예요 |

14급

불러 주는 문장을 듣고 연습한 내용을 떠올리며 써 보세요.

칭찬해 주세요!
- 잘했어요
- 훌륭해요
- 최고예요

돌려서 사용해요!

큰소리로 또박또박 읽어 보세요.

★ 15급 11단원 실감나게 표현해요

1. 팥죽을 팔팔 끓이면서
2. 밝고 명랑한 목소리로
3. 폴짝폴짝 통통 뛰면서
4. 호랑이가 꿀꺽 잡아먹는다니
5. 마음이 조금 놓였어.
6. 불 앞에 쪼그리고 앉았어.
7. 엉덩이를 쿡 찔렀어.
8. 에구에구 어찌할꼬.
9. 부엌 앞에 누워 있던
10. 강물에 풍덩 던져 버렸어.

읽었어요!
① ② ③ ④

공부한 날 _____월 _____일

바른 자세로 하나하나 따라 써 보세요.

팥죽을 팔팔 끓이면서

밝고 명랑한 목소리로

폴짝폴짝 통통 뛰면서

호랑이가 꿀꺽 잡아먹

는다니

마음이 조금 놓였어.

불 앞에 쪼그리고 앉

았어.

엉덩이를 쿡 찔렀어.

에구에구 어찌할꼬.

부엌 앞에 누워 있던

강물에 풍덩 던져 버

렸어.

불러 주는 문장을 듣고 연습한 내용을 떠올리며 써 보세요.

칭찬해 주세요!		
잘했어요	훌륭해요	최고예요

불러 주는 문장을 듣고 연습한 내용을 떠올리며 써 보세요.

칭찬해 주세요!
- 잘했어요
- 훌륭해요
- 최고예요

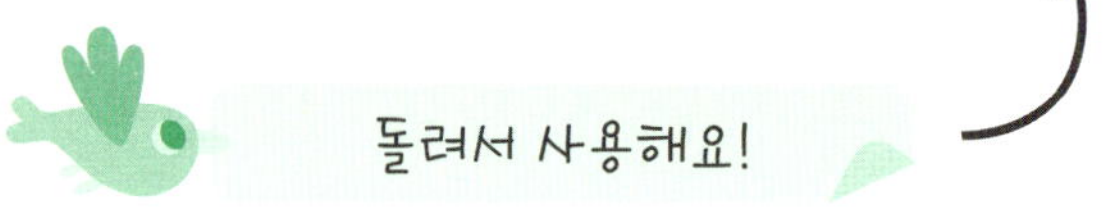

돌려서 사용해요!